내 바람의 조각들도

내 바람의 조각들도

김영조 시집

도서출판 두엄

시인의 말

어릴 적 이웃에서 누에를 많이 쳤다.
실오라기처럼 작은 것들이 뽕잎을 먹는 모습이
참 신기해 보였다.
누에는 다섯 번의 잠을 자고 다섯 번의 탈피를 한다.
한번 탈피할 때마다 성장하고 그 끝에
비로소 명주실로 고치를 만든다.
진정한 자신의 집을 얻기 위해 겪는 성장통이겠다.

시집 한 권 얻는데 너무 긴 첫잠의 시간이 흘렀다.
누에의 일생에 비할 바 아니지만 불임의 세월 끝 난산이라
혼자서 이런저런 의미를 두어본다.
첫잠은 비록 길었지만 누에가 비단을 뽑듯 언젠가
나에게도 그런 날이 올 것을 기대하며 또 세월을 견뎌야지.

첫 탈피의 흥분을 함께 가시는 모든 분들과 나누고 싶다.

차례

1부 _ 시래기를 다듬으며

2부 _ 혼자 마시기

3부 _ 내 바람의 조각들도

■

4부 _ 아직도 남은 내일을 위해

제1부

시래기를 다듬으며

시인

마누라는 긴가민가 한다

자식들은 설마설마

친구들은 네까짓 게 하는 눈치다

아무도 보지 않는 곳에서 흔들리며

쑥부쟁이처럼 아픈

이 밤도 잠 못 들며 펜을 드는

그래,
나는 혼자 시인이다

다잉 메시지

어느 바닷가로 밀려와 죽은
고래의 몸속을 열어봤더니
플라스틱 조각이 무려 30킬로그램

제주도 바다거북의 사인도
비닐 조각이라는데

위며 장이며 도무지 내려가지 않아
아예 식도에서부터 걸려

아무리 물을 퍼마셔도
소화되지 않는
내려가지 않는 새우들을 소화시키려
얼마나 몸부림쳤을까
얼마나 답답했을까

바다는 더 이상 그들의 평화로운 삶터가 아니다
비닐은 해파리가 되고
플라스틱 조각들은 물고기가 되어 그들의 눈을 속이고

생명을 위협하는 무기가 되어
죽음을 유혹하는 지옥으로 바뀌었네

결코 소화되지 못할 것들은
위장 속에서 고통의 싹으로 자라고
아기 고래도 뱃속에서 함께 죽고

KM-53

지리산에서 수도산으로
잡혀서 다시 지리산으로
도망쳐 다시 수도산으로
또다시 체포되어 지리산으로
이번엔 목숨 걸고 다시 수도산으로

다리에 철심을 박은 채
또다시 금오산으로

총알처럼 달리는 고속도로 차량 홍수 속에서
혼자 사선을 넘는 반달가슴곰 KM-53
그의 소원은 무엇일까

고구마밭이나 훑고 벌통이나 뒤져 먹고 살 수는 없어
동류들을 떠나는 고독 따위도 별문제 없어
남이 정해준 영역 따윈 내 삶을 결정지을 수 없는 거야
칡뿌리 캐고 산딸기 몇 움큼으로 배를 채워도
내가 원하는 곳에서 나의 인생을 사는 거야
그곳이라고 뭐 지상낙원이겠어

배고픔은 늘 따라다니고
춥고 더운 건 어디나 매한가지

움직이는 건 별 밖에 없는 산 어느 바위틈
겨울잠에서 깨어나지 못하더라도
너희들의 눈으로 보는 행복 말고
원하는 건 그냥
나의 자유

석화의 말

사랑이야 내 몫 아닌 듯

수백 년 햇살 아래 말려온 심장이지만

이젠 실한 놈 하나 만나야겠네

이 여름 다 가기 전에

먼지로 날리기 전에

남천강물 적셔

수관 체관 모두 더운 피 채우고

늦장미보다 더 붉게 피어나

영남루 실한 기둥 뜨겁게 안아오르고 싶네

저 높은 지붕 위로 넘치고 싶네

*석화 : 영남루 마당의 돌꽃

가을꽃이 사는 법

가을꽃은 모가지째 툭 떨어지지 않는다
그리움에 지쳐 먼지 되어
가뭇없이 사라지기도 하지만

차마 고개도 숙이지 못하고
모진 바람 맞아 시들어가며
다시 봄을 기다릴 뿐

사랑의 꼬타리 쉽게 버리는
가을꽃은 없다

선

지붕이며 허공으로
심지어 땅속까지도
선으로 이어진 세상
문명의 이기들은 모두
얽히고설키며 이어지고

아무 상관도 이유도 없는 사람들과
복잡하게 끝없이
인연이 되는 일상
거부할 수 없는 올가미
아무것도 걸리지 않는 거미줄

얼굴도 모르는 선들이 늘어날수록
단단해야 할 소중한 끈들은 끊어진다
그것들이 너와 나를 떼어내고
우리는 외려 고독해지네

분수

저 큰 감나무도
제 분수를 헤아려
어린 풋내기들을
떨어뜨리는구나

바람 불 여름과
무거울 가을을 짐작하여
아낌없이 미련도 없이

푸른 잎들로 반짝이는
눈부신 균형의 자태

시래기를 다듬으며

무서리 하얗게 덮어쓰고도
홀로 청청 푸르더니
뿌리가 잘리고서야 시든다

그러나 너는 버려질 잉여가 아니다
밥상 한가운데를 차지할 중심이다

겨우 눈비 피할 처마 밑에서
바싹 말라비틀어져 볼품없이 매달려도
너는 쓰레기가 아니라 시래기다
된장이나 고등어를 만나면
우리의 겨울을 지켜줄 뜨거운 보루다

그녀의 자리

끙끙거리며 잠 못 들어 하던 아내는
새벽녘에야 풋잠이 들었는지 코 고는 소리 높고
철커덕거리며 가는 첫 기차는 기적도 없이
아침을 연다

뜻 없이 일찍 깨어 가만히 얼굴 들여다보면
잠든 얼굴이 평화롭지만은 않은
그녀의 만만찮은 그 많은 자리가 만든 훈장
온몸 구석구석 흔적 없는 병으로만 남아

아프면 병원 가보라는 말밖엔
달리 어찌할 수 없는 무능이
가끔씩 상처들을 덧내기만 할 뿐인 나는
아직도 낯선 자리의 사람일까

까치도 울지 않는 아침
창밖의 붉은 잎들을 씻어 내리는 가을비
겨울로의 여정을 준비하고
나는 슬며시 방문을 나선다

박물관에서

영남루 지키던 용 한 마리 있어
뿔도 두 개나 솟았고
눈도 툭 불거져 나와 부리부리한데

이빨도 두어 개는 부러졌지만 날카롭고
대가린 엄청 커

근데 너무 웃겨
들창코에다 수염은 볼품없이 짧고
둥글둥글 돼지머리 같기도 하고
도깨비 같기도 하여
신성함 따윈 거리가 멀어

용은 용인데
아무리 보아도 용 같잖은 것이
그 높은 영남루 용마루에 올라 당당한 망와가 되어
남천강 굽어보며 거들먹거리며
올려다보는 사람들 눈 속여 행세한 게
얼마나 됐을까?

명퇴인지 강퇴인지
퇴역한 지금도
멋진 막새기와들 중 으뜸 자리 차지하고 있지만
지금은 그냥 웃겨
영물도 대장도 아닌 완장 벗은
그냥 웃기는 놈일 뿐일세

풀에 베이다

장갑 없이 풀을 베다
어쭙잖게 풀에 베이다
손가락에 잠시 피가 맺힌다

나약하다고?
이 세상에 누가?

쓰린 상처는
시간이 지나면 잊힐 테고
긴장이 풀리면

그때마다
그들은 칼날이 되고

긴 기다림

올해 연세 일백 하고도 한 살을 더하신
우리 큰고모 김갑순 여사
오척 단구에 허리마저 살짝 굽어 더 작아지셨구나
눈은 아직도 밝아 가끔 보는 친정 조카 바로 알아보시지만
귀가 영 시원찮아 눈만 껌벅이시네

귀가 닫히면 모든 게 닫히는가
오히려 편안해지는가
보청기 권해도 마다하시어
조카는 말부조만 하고 말았네

심심파적 텃밭에 호미마저 놓으시고
말수 줄어 친구도 찾지 않네
작은 얼굴 가득 핀 저승꽃도
피워 올리는 담배연기같이 곱건만
오늘도 마루 끝에 앉아
자꾸만 대문 밖으로 눈을 두어
그냥 기다리신다

상운암에서

구름 위의 집이라는 상운암에도 비는 내려
삼복더위에 스님 말 듣고 군불 지폈더니
방바닥이 너무 뜨거워 잠은 잘 수 없고
작은 절 마당 나서니 완고한 어둠이 앞을 막는다

법당에 촛불마저 없어
세상에 난 후로 이런 장님도 되어 보네
해발 일천 미터 가까운 하늘 아래 첫 암자
부슬비 오는 여름밤 산짐승들마저 숨어버리고
낙숫물 소리조차 없다

산 아래 세상과는 너무 멀어
근심은 오로지 낮에 보아둔
동자꽃 비에 지지 않을까였지만
이젠 그마저도 잊으려 하네

인생

소설가 김춘복 선생은 작품 한 편을 탈고하면
혼자서 펑펑 밤새 우신단다
그렇게 치열한 일인 줄 나는 알고 있는지
그랬던 적이 있었던지
그냥 시늉만 하고 살진 않았는지
그들 틈에 섞여 거름지게 지고 장에 따라나선 건 아닌지
양반 문어 잔치에 밤샘하는 개 꼴은 아닌지
오늘 밤 묻고 싶다 나에게

병이란 것이

입원 날 앞두고 덜 자란 수염을 밀고
목욕을 한다

내 어깨에 지워진 짐이 그리도 무거웠던가
고장난 어깨를 손보러 가야 한다

의사는 가볍게 말했지만
무슨 큰 병인 양 혼자 심란해

까짓 몇 달쯤 내 자리 비운다고
누가 꿰찰 것도 아니고
무어 큰 손해날 일도 없건만
자꾸만 조바심이 난다

여태껏 마음 놓고 쉰 날이 없는 줄을 아는 친구는
다시 못 올 기회란다
속 모르는 이는 또 일 욕심 때문이란다
삶이 늘 부산스럽긴 했지만
그러나 그 때문만이 아닌 줄 나는 안다

그동안 쌓이고 눌려온 마음속의 짐
풀어내지 못한 어리석음의 무게
더하여 더는 견디기 어려워도 누구에게도
낱낱이 고백하지 못한 것들까지
나에게 추궁하는 것이리라

왜 이렇게 살았냐고
왜 바보처럼 하찮은 돌덩이들을
어깨 위에 쟁여왔느냐고

가방을 챙기며 그래도 나는 기대한다
병실에 누워 하나씩 짐들을 내려놓을 수 있으리란 걸
의사가 아니라 내가 이 병을 수술할 것을

그리고 또 나는 안다
세월이 지나면
어깨는 다시 무거워지리란 것을

단풍은 곧 낙엽이 되고

낙엽은 다시 바람의 흔적이 되어
가뭇없이 사라지고 마네

끝없을 것 같던 이 길
이내 낙엽 속에 묻혀
긴 장례의 행렬마저 지울 테지

아서라, 이 늦은 가을에까지
거짓된 마음으로 부풀려
희망을 이야기하지 마라
새로 올 봄을 억지로 떠올리지 마라

황량한 가을은 그냥 슬프게 즐길 일이다
긴 겨울이나 기다리며

슈퍼우먼

병마총의 병사를 빚어내듯
그녀들을 빚어냈다
집게와 메스를 들고 껌을 씹으며
조작이 아니라 개량을 억지하며
창조주가 된다

다시 태어날 수많은 슈퍼맨들이
지구를 구할 것인가
완벽한 인간이 되어
신이 되어 다른 이들을 지켜줄 것인가

나는 모르겠네 암만 생각해 봐도 그들이
진시황만 지켜줄지
열성유전자들을 몰아내고
인간도 계급화시킬 것인지
급기야 우리는 오랑우탄쯤 취급되어
경계인이나 될는지

제2부

혼자 마시기

고가 헐기 1

벚꽃 지천으로 화사한 날
한 시절 호기롭던 손 씨 고가를
허문다

백여 년 이끼 파릇한 오 칸 집
기와를 들어내면
마른 흙내 왕토가 흘러내리고
아직도 짱짱한 서까래
초가집 기둥만큼 굵다

멀쩡한 집 시대에 밀려 헐리는 설움
고목 그림자에 앉은 팔순 노모
눈물 훔치며
"새 것만 좋은강? 이보다 더 좋은 집 어디 있다꼬,"

고가 헐기 2

서까래를 들어내다 가만히
대청마루의 저녁 밥상을 엿본다

점잖게 뒤쪽으로 앉은
주인장의 소반엔 약주가 한 잔
둥근 상엔 아이들의 소란이 얹혔다
부엌에선 숭늉 내음이 마루로 넘쳐오고
따신 저녁이 행복하다

상 위에 올랐을
뚝배기 하나 보이지 않는 오늘
무엇 때문에
어디로 흩어지고

마른 흙냄새만 매케한
해체된 그들의 저녁

고가 헐기 3

콘크리트와 철근, 이름 모를 화공약품을 버무려
후딱 지은 요즘 집엔
아토피다, 천식이다 난리지만
층간 소음에 살인까지 부르지만

못 하나 쓰지 않고
나무와 흙과 돌,
그리고 오랜 정성으로 지은
이 집 사람들은 도무지 모르는 이야기

창호지와 구들에 붙인
종이 몇 장이 오히려 사치스런

그래, 이게 집이야
이게 사람 사는 집이야

고가 헐기 4

서까래, 들보에 도리목, 기둥과
창틀, 문틀까지 들어내고
마룻장까지 수습하고 나면
뼈대 잃은 흙벽은 절로 무너져
먼지만 날리는 황량한 풍경이 되고 말지만

그렇다고 집 헐기 끝난 게 아니야
집을 집답게 온기를 넣어준
구들장이 남았다

아궁이, 부넘기부터 개자리까지
한 장 한 장 걷어나가면
눌어붙은 그을음
수백 년 연륜을 말하지만
장인의 솜씨 얼만 했던가
새침돌 하나 빠진 게 없네

따끈한 찐 고구마 놓고 둘러앉은 안방이며
화로에 군밤 익어가는 건넌방 손자의 재롱

아무리 비싼 집에서라도 다시는 만날 수 없을
그들의 눈 내리는 밤을 이젠 모두 헐었다

고가 헐기 5

해체되어 흩어질 것은 그대로 있고
지켜야 할 것들은 이렇게 사라져 간다
집이야 껍데기일지라도
그냥 허울만은 아닌 거야
얼굴처럼 속을 비추는 거야

좋은 집 흉내조차 낼 수 없는 나는
잘난 대로 못난 대로
그냥 내 식으로 집이야 짓겠지만
막돌 하나까지 뜻 없을 수 있나

고재로 지으면 고풍이 날 테고
신재로 지으면 새 맛이 날 테지
멋만 부리면 가벼울 테고
기본만 지키면 투박할 테지

고가 헐어온 나무라고
장작으로야 쓸 수 있나
썩은 곳은 잘라내고

짧은 것은 덧대고
바꿀 것은 바꾸고
그렇다고 옛집대로만 해서야 될까
우리 살기 편한 집은 우리 생각대로 지어야지

나라도 겨레의 집이라
낡은 곳은 도려내고
필요한 것 새로 고쳐 넣어
겨레가 원하는 집이 좋은 집이지
몇 잠을 재워야 하는 누에집의 정성과
세월을 견디어야 한다네
참 좋은 집을 지으려면

고가 헐기 6

뒷산 거칠지 않고
남향으로 볕바르면 더 좋지
앞으로 맑은 개울까지는 욕심이지만
물 걱정, 바람 걱정 자리 피해
터 다지고

개자리 깊게 파 불 잘 들도록
구들을 놓고
기둥 들보 사이에 황토로 살을 붙여
바람과 해충을 막고
서까래 위 왕토 덮고 기와로 눌러
큰 바람에도 날리지 않고 기운을 가두는
우리들의 집짓기 자연과 사람의 공력이지

창살, 문살 예쁘면 아내가 좋아할 테고
마룻장 단단히 놓고
툇마루까지 달아내면 너무 호사인가
굴뚝이 높으면 바람이 덜 타지
막돌과 흙을 섞어 담장을 낮게 치고

뒷마당 모서리로 감나무 두어 그루 심으면
장독대는 그 아래가 제 자리일세

식구들 둥근 상에 모이고
담장 너머 정만 오간다면
이보다 더 좋은 사람 사는 집 또 있을까
옛집 흉내만 내 보았어도

한밭 일기

우수도 지난 하늘에
날리는 눈발
계룡산 끄트머리로 치닫는 바람 속에
마른 풀잎처럼 맥도 없이 풀어지는 하루
어제나 오늘이나
손바닥만큼도 가릴 수 없는
허허로운 하늘이고
내려앉는 구름이고
뜻도 없는 나그네이고

굵지 않은 가지에
인연처럼 눈이 입혀지고
내 입술의 얄팍함이
무거운 침묵의 죄를 덮어쓴다

우포늪으로

이 비 그치면
우포늪으로 가보리라

수면을 뚫고 피어오르는 물꽃들과
연 이파리 위로
새 햇살이 내리고
창포잎은 또 그를 흔들고

비오리, 물병아리는
초록을 못 이겨 분탕질 치며
고요를 쫓는

우포늪 그곳에 가면
내가 잃은 시간이
불쑥 고개를 내밀 것 같아

평촌

언덕 아래 낮은 지붕
마루에 서서
그 들녘을 바라면
마주 오는 동풍
초록이 인다

바람 건너면 또 다른 바람
'저 보리는 언제 익는가'
'저 보리는 언제나 금빛으로 일렁일까'

아직 푸른 보리 내음 출렁이면
배고픈 깜부기 얼굴이
이랑 사이로 고갤 내민다

개망초꽃이 피었습니다

유월 뜨거운 태양 아래로
고구마 넝쿨이며 콩이파리 넘실대고
고추가 빨갛게 익어갈 텃밭에

감나무 짙푸른 그늘과
복숭아 향기롭던 언덕에 썩은 그루터기를 덮고
개망초꽃이 피었습니다
수입 옥수숫가루에 입맛 버린 소도 안 먹는
멋없이 키만 큰 개망초꽃이
뻣뻣하게 잘도 자랐습니다

해방 칠십 주년에
국민소득 삼만 달러 풍요로운 복지농촌에
마당엔 아기 옷 널릴 일 없고
골목엔 노모 차만 이따금 오갈 뿐인데
까짓 세비 몇 푼 축낸다고 나무랄 수 있나

집집마다 마을마다 큰소리 날 일 없는
낫자루 썩어가는 이 좋은 시절에
개망초꽃만 환하게 피었습니다

혼자 마시기

당신과 마주 앉지 않아도
이렇게 끄적거릴 수 있어 좋다
잔 바꿔가며 시원찮은 건배,
기분 상하지 않아 좋다

속 꼬랑지 모두 토해내도 부끄럽지 않은
혼자만의 독백이 아름다운
혼자 마시는 술은
그대 입술과의 치사한 입맞춤보다
향기로운 긴 트림이 좋다

초점 잃어 잔 속에서 흔들리는
눈망울을 정답게 내려다보며
그 깊고 넓은 바다를 항해하며
아무도 모르게 흔들릴 수 있어 좋다

다림질

설날 이른 아침
바쁜 아내에게 미안하여
다리미를 든다

빠듯한 살림에 해마다 새 옷 챙길 수야 있나
지난 한 해 살이처럼 많이도 잡힌 주름
엄두도 나지 않지만
그래도 물을 뿜어가며 밀어본다

제대로 무두질 못해
굴곡진 내 인생도 이렇게 죽죽 밀었으면
다림질로 눈부신 새 얼굴이 되는 셔츠처럼

입추와 처서 사이

거칠었던 욕망
언젠지도 모르게 끝난 줄 알았는데

바짓가랑이 묻어나는
더운 이슬이 되어
아직도 날 붙잡네

짙음이 더하여 무거워지면
스산한 바람에도 쓰러지듯이
소란한 인연들이 낙엽으로 흩어지고

조금은 쓸쓸하고
또 조금씩은 그리운
가을은 곧 올 거야

주머니 털기

얼마나 더 채워 넣어야 넉넉해질까?

지폐 몇 장에 동전 몇 닢이면
언제나 마음 푸근했지
이젠 너무 무겁다
신용카드 몇 장에 명함들이 들어찬 가죽 지갑,
열쇠 뭉치에 손전화까지
무거워져만 가는 주머니

늘 사랑이란

그 좋다는 사랑도
봄바람처럼 그냥 오는 게 아니더라구

지난 가을과 겨울
외로움에 몸부림친
딱 그만큼만 오더라구

그리고
꽃 지고 잎 떨어지듯
그렇게 떠나고

긴 겨울을 또 그렇게
기다리며 비운 내 술병만큼
그리움이란 게 남더라구

들국화

지난여름 뜨거운 햇살 아래
달구어 온 정열이
오늘 차가운 가을비에 젖어
들국화로 핀다
꽃술에, 꽃잎에
버거운 사랑을 실어
하늘바라기 하며
흔들리며 서는
그대

제3부

내 바람의 조각들도

마음 바꿔 먹으면

으슬바람도 지나고
옷깃 곧추세울 찬바람 불 때쯤이면
잎 다 떨군 나무 끝에
남은 감 몇 알

장대로도 안 되고
사다리도 살짝 모자란
안타까운 높이
지금 못 따면 얼어버릴 텐데
며칠을 안달하다 가만 생각해본다

그래, 모두가 내 몫은 아닐 거야
마른 겨울 나는 저 새의 몫도 인정해야지
여름내 벌레 잡은 건 오히려 너희들
그래, 네 몫이 더 클 수도 있어
그예 마음 편해지는구나

그놈들 참 때깔도 곱다

봄꽃

이른 봄꽃은 모두 쓰다
긴 겨울 인내만큼
연분홍 입술은 쓰고도 쓰다
바람에 흔들리고
햇살에 몸 달아지고서야
비로소 제 단맛을 수줍게 내어놓는다
빨갛든 노랗든 분홍이든
바쁘게 겨울과 이별하는 이유는
두엄더미로부터 봄이 온다는
아버지 말씀

윷놀이

모나 윷이면 사리다, 더 덮을 것 있나

시름도 잊고
저 창공으로 던져올린다
네 가락 나뭇조각

와르르 자갈 쏟아지듯
터져오르는 웃음 속에서도
윷가락 쥔 손만 괜히 떨려도
겁먹지 마라
꿩 잡는 게 매다
도도 개도 다 쓸모가 있고
윷이나 모보다도 더 요긴할 때가 있으니

인생도 마찬가지
언제나 남 바라는 게
내 좋은 것은 아닐 터
걱정일랑 윷과 함께 저 하늘 높이 던지자
도든지 개든지
혹 모가 나도 그만

구절초

고즈넉한 산길에서 구절초를 만납니다
새벽바람에 말갛게 씻은 얼굴로
자랑도 없이 작은 몸짓으로 흔들립니다
몸치장으로 야단인 가을 산에
맨숭한 얼굴로도 충분합니다
노란 벌 한마리 정신없이 기웃대도
얼굴도 붉히지 않고 그냥 하얗습니다
작은 것이 온 산의 얼굴입니다

참꽃

입술이 파래지도록
먹어도 먹어도 허기지는
연분홍 서정

부끄러움도 모이면
용기가 되어

그대 가슴에 한 방울
푸른 피로 떨어져
봄 불처럼 타오르고 싶어

참말로 내 마음이

아버지의 길

별빛만 메밀꽃으로 흩어진
늦은 가을밤
호롱불 비추며
나락 지게 무겁게 밤새 지시던
그 발아래 하얗게
논두렁길이 났었습니다

사형제 뒷바라지 무게만큼 다져진
좁고 굽은 길

이젠 그 길을 두고
하늘길 꿈꾸시는데
다시는 그 앞에 호롱불조차 비출 수 없네

아버지 바람처럼 가시지는 마세요
남은 길 짧고 거칠지라도
조금씩 조금씩 삭혀 걸으세요
자박자박 별빛 아래 걸으시듯이

코끼리집

밤에만 우동이며 어묵 파는
코끼리 분식집
늦은 밤술에 넘친 손님이 대부분인데

좁아터진 가게 무거운 침묵
주인의 활기만 살아 움직이는데
더 남길 미련도 없이
후후 불어 먹는 우동 국물에 속을 달래며
지친 하루를 마감하는
넘치고 넘쳐야만 오는 이 평화

또 다른 평화를 찾아
이제 그만 집을 향해
무거운 엉덩이를 들어 올린다

연

소한 지난 어둔 하늘에
가오리연 하나 걸렸다
수십 년 새털 같은 날 오늘 하루 기다려
바랄 것도 없이, 이룰 것도 없이
시커멓게 그을린 심장 조각을 업고
하늘로 오르는 연

또 한 해가 가고 말지
산 너머로 연꼬리 사라지듯
내 바람의 조각들도
일상의 잡동사니에 묻혀 흩어지고
연륜만큼 빠져나가 비어 가는
실타래 하나만 달랑 남기고서
오늘 같이 살 에는 날에 연이 날 듯
그 바람 앞에서야 연을 날리듯
끊어질 듯 끊어질 듯 아슬함 앞에서야
겨우 다잡아본다
뜯겨져 가는 내 울타리 다시 모은다

다 늦은 하늘에서 바람 가르는
가오리연 하나

민달팽이

젖은 땅에만 있을
늘 푸른 평화를 찾아
모든 짐 다 벗고
느릿하게나마 쉬지 않고
눈물로 혼자 걷기

남천 1

가슴 한 이파리 떼어
강물에 띄웁니다

마음 한 조각
떼어내
이 모래밭에 묻습니다

이제는 영영
그대와 이별이라고
다시는 만날 날 없으리라고

빈 하늘
천둥소리 들으며
별만큼 많은 눈물
쏟으며
돌아섰는데

이 새벽
머리맡에 밀려온
이 꽃잎은 또 무엇입니까?

남천 2

물 흐르듯 흐르고 싶어요
자갈돌 맑게 씻으며
피라미며 은어떼
넉넉히 품에 안고

그대들 사랑과 분노와 함성
모든 찌꺼기들까지도 안으며
그냥 내 맘대로 흐르고 싶네요

이젠 더 이상 그대들
마음대로 공존이란 이름으로
나를 재단하지 마세요

무슨 방정식처럼 풀어지는 게
인생이 아니라는 것쯤은
알게 된 것 같은데

내 맘과는 상관도 없이 떠들어대는
그대들의 이야기들은 이젠

들은 척 않고
남천은 그냥 물 흐르듯
흐릅니다

소만

그 뻗쳐오르던 푸르름
몸부림쳐
한 송이 붉은 꽃
올리고

되돌아서
아득한 더위를 위해
다시 푸른 비를 부르네

그래,
오늘만이라도
먼짓내 툴툴 털어버리고
소만의 꿈을 꾸어보자

아직 많이도 남은 처서까지의 길이
폭염과 태풍에 시달릴지라도

벚꽃

언 땅이 녹자마자
헛물만 올려 핀 꽃인가
각질로 날리는 꽃잎

향기 없이 겉만 화려한
눈물 없이 보내기 힘든
준 실업의 긴긴 날
그만 저 꽃잎들처럼
하르르 날아버리고 싶다

흔적도 없이 사라져버린 날
미움 되어 삐죽삐죽 잎들은 돋아나고

오월이 되면
내가 무슨 그런 꽃이었더냐고
무성한 잎들만 흔들고 있겠지

돼지국밥

잘 토렴해낸 국물이 식기 전에
얼른 정구지무침 한 젓가락 넣고
국수를 말아 뜨겁게 한 입 맛본 다음에야
느긋하게 사골육수를 즐길 일이다

퇴원하는 어머니와 빈 주머니 아들이
서로의 뚝배기에 떠넘기는 숟가락질
병에 지친 노모에게나
얇은 지갑의 아들에게나
약이 되고 기운이 되고

진눈깨비 날리는 공사장에서 방금 돌아온 자나
퇴근길 허전한 속 달래고픈 그대
막걸리 안주로도 넉넉한

그러나 식기 전에 드셔야 하네
그래야 뽀얀 국물에 언 몸도 녹아
국밥 한 숟갈에 청양고추 한 입 베어 물면
온몸에 땀이 솟고

더 청한 국물에
깍두기로 마지막 간을 맞춰 즐기는
야들한 고기의 식감, 시원한 국물의
밀양돼지국밥

표충사 가는 길

속울음 가득 차서
서걱이는 바람소리 그리워질 때
표충사 가는 길 들어선다

단장천은 보랏빛으로 흐르고
멀쑥한 달맞이꽃도
그대로 흔들리고

눈에 익은 절집 뒤를 돌아
대숲에 서면
바람은 한 점 헛됨 없이
댓잎을 흔든다

버리지 못한 꿈들도
저 바람 앞에 서면
말갛게 씻을 수 있을까
속울음마저도 털어버리고
푸른 얼굴로 다시 설 수 있을까

다시 쇠점골

석남재 오르던 옛길을 따라
오천 평 반석 지나 또 오리길 가면
손바닥만 한 하늘을 가진
마을 터 하나 만난다

아름드리 뽕나무는 아직 푸른데
이제 주인은 계곡을 메우는 물소리와
제각기 떠드는 짐승들뿐

산전을 일구고 약초를 캐던 사람들은
기름 묻은 손으로 지폐를 세고
뽀얗게 살 오른 얼굴로 행복할까

천국 같은 세상을 바라고
섬광 번쩍이는 전쟁터로 그들은 떠났지만
나는 여기서 버려진 것들을 다시 꿈꾼다

제4부

아직도 남은 내일을 위해

추원재

백성의 곤궁함이 애처로워
천 년 전 신라의 차나무 찾으러
대밭을 누비던 모습과
부관참시도 막을 수 없던
참 선비의 올곧은 정신은
어디서도 찾을 수 없고
벼슬 이름만 가득한 안내판과
배롱나무 몇 그루만
선생의 옛집 가리고 섰다

*추원재 : 점필재 김종직 선생 생가(밀양 종남산 자락에 위치)

상고대

늘 그곳에 있지는 않지만
눈 덮인 겨울산 상고대를 보려면
새벽부터 서둘러야 하네

산죽밭을 지나고
눈 덮여 길인지 들겅인지도 모를 곳을 지나고
가쁜 숨 몰아쉬며 온몸이 땀에 젖어
냉수 한 모금이 오히려 반가울 때쯤
바람 훤히 통하는 곳에서야 만날 수 있다네

가지마다 줄기마다
온 산 나무에 유리옷으로
벗은 산을 새로 입혀
작품마다 햇살을 넣어
낮에도 투명한 불 밝히니 보석 되어 빛나는
여기는 무지개 영롱한 겨울 꽃밭

눈 덮혀 언 산의 온기가 없으면
수증기나 안개가 피어오르지 않으면

차가운 바람이 불지 않으면
겨울꽃은 피지 않는다는
동지섣달에만 피는 상고대의
저 기막힌 역설

바드리

열이렛날 희뿌연 달빛 속으로
도라지꽃 나리꽃 안개속으로 떠오르고
발아래 풀벌레 소리 밟으며 오르는
해발 768 미터 바드리

늦은 밤 바드리 오르면
우리 가슴 쌓여가는 찌꺼기
부끄럽지 않게 벗어버릴 수 있다네

고요롭게 잠든 사람들아
이 밤 모두
무슨 꿈들로 평화로운가
평온의 섬으로 그렇게 행복한가
잘 익은 콩밭,
그 끄트머리쯤 퍼질러 앉은 조각구름
어스름 새벽길 다시 만날까

지금 어둠을 등에 지고
바드리 오른다

뭉치로 쌓이고 찌부러진 마음을
실안개 속으로
풀어버리러
풀어버리러

찔레꽃으로 살다가

청춘의 절반은 감옥에서
나머지 절반은 광야에서
오로지 하나만 위해
쓰디쓴 삶을, 살았지만

나 윤세주, 여기 태항산에서
들찔레처럼 소리 없이 진다 해도
대한의 독립이 이루어진다면
무슨 여한 있으랴

천장절 일장기 똥통에 꽂은
보통학교 시절부터
밀양 장터에서 독립선언서 낭독하고
대한독립만세 목 터지게 외치던 그때부터
나의 길은 오로지 한 길

뜨거운 피 의열의 동지들이여
적탄에 쓰러진 나를 위해 슬퍼 말고
조선의열단 기개를 떨쳐

부디 독립을 이루시길

그날 나는 고향 뒷산에 다시
순결하고 향 짙은 찔레꽃으로 피어나
그대들과 함께 흥에 겨운 춤을 출 것이오
동지들이여
나의 마지막 소원은 오직 조국의 독립이오

해천의 꿈

그땐 그냥 버려진 연탄재 사이로
썩은 하숫물 흘려보내는
도랑인 줄로만 알았지

한동안은 콘크리트로 덮여 그냥 찻길이었지

그러나 옛 해자 복구하고 나서야
성 밖 사람들의 큰 삶이 보이네

고요히 잠든 성내 사람들
무심히 흐르는 세월
그 위장된 평화를 찢고 뛰쳐나와
독립만세 소리로 장터를 울리고
다시 먼 타국에서 풍찬노숙 칼바람 속을 달리며 꿈꾼
조선의열단 화약 냄새 풍기는 대한의 독립

해자란 근본도 잊고
해천이란 이름으로 돌아왔으나, 원래
그 물길 밖 낮은 지붕 아래서 의기로 뭉친

약산이여, 석정이여, 동지들이여

언제나 따뜻한 자리의 사람은 늦잠에 빠지고
그늘진 추운 자리의 사람이 아침을 기다리듯
나라 걱정은 예나 지금이나 늘
성 밖 사람 몫

지금 새벽닭 울음소리 그쳤어도
남은 우리의 완전한 꿈을 꾸는 사람들 모여 살아
해천은 푸르고 끊임없이
남천으로 흐르리라

가을 숲길

삭정이 밟는 소리에
스스로 놀라 두리번거리는
가을 숲길은 외롭습니다

봄꽃, 여름 녹음보다 더 많은 색깔과 향기로
세상을 온통 수놓고 있는
가을 숲길은 아름답습니다

이 길 하염없이 걷다 보면
남은 길들은 흰 눈이 지워버리겠지요
사라진 길,
가을 숲길은 끝이 없습니다

우리 사랑이 바람으로 돌아가
흔적 없이 사라져도
헤쳐 온 지난한 삶이 남길 것 없더라도
눈 속의 길이 잔상만으로도 아름다웠으면

변명

몇 년이나 됐나?
졸업하던 날
그 친구는 이렇게 말했지

"이젠 좀 약아져라
세상은 네 맘처럼 순진한 게 아니야!"

오늘 포장마차에서
그 친구는 이랬지
놀라는 투로

"너도 참 많이 변했다.
옛날 구석이 별로 안 보여!"

내가 속물이 된 건지
세상이 순진해진 건지 몰라도
그날도 오늘도 내 대답은 무심한 척

"그렇게 보여?"

동창회

대낮부터 우리는 가라오케에서 술을 마셨다
아슴한 어린 날의 추억을 안주 삼아
잘난 놈 못난 놈 없이
많고 적은 사람 없이 우리는 낮술에 취해
저마다의 한숨과 고단함을 실어
목청껏 노래를 부르며 몸부림쳤다

먼저 가버린 친구의 빈자리도 보이지만
이제 또 한 번 힘든 고빗길이 앞에 있지만
오늘은 모두 잊어버리려
채 저녁답이 되기도 전에 나는 벌써 취해버렸다

그래, 친구들이여
우리 서로의 어깨를 두드려주자
이 어려운 세상 견뎌온 우리 모두 슬픈 승리자인 걸

수많은 고비를 넘어
술잔을 마주하고 있는 것만으로도
우리는 축하할 이유가 충분한 것

네가 넘어온 한숨고개
내가 넘어온 눈물고개
다시는, 두 번 다시는 우리 앞에 나타나지 않기를
서로에게 바라며
친구여 우리 마지막 잔을 나누자
아직도 남은 내일을 위해
아직 남은 조각난 꿈들을 위해

P의 처세술

버드나무 가지처럼 흔들거리며 산다
금붕어처럼 뭉기적거리며 산다
물결에 흔들리는 해파리의 몸짓으로
거부하지도 반항하지도 않으면서

부딪혀도 깨지지 않으면서
맞아도 상처를 남기지 않으면서
술에 물 탄 듯
물에 술 탄 듯

내 탓도 아니요, 네 탓도 아니면서
하는 일도 없으면서, 놀지도 않으면서
되는 일도, 안되는 일도 없이
하루가 가는지, 한 해가 가는지

어제와 오늘이 뭐가 다르며
오늘과 내일이 왜 달라야 하는지
알아야 될 이유도 없고
알고 싶지도 않으니까

그냥 이대로 있으면 되지 않느냐
가만히 있는 데 누가 건드리냐
땀 흘린다고 뭐 달라지는 게 있는가
처세술이 별거냐

과꽃을 만나다

어린 날
흙담 밑 그리도 가슴 설레게
화사하게 웃던 모습이

이 가을
윤기 없는 꽃잎에
향기마저 잃어
마른 종이꽃으로 남은
내 그리움을 만나다

낙엽

하늘은 더욱 멀어져
내 마음속 남은 말
올려보지도 못하고

하지도 못한 말들은
바람에 쓰러져 그대 귓가에
가닿을 수 없겠지

이 가을 마지막 기도는
이파리마다 내 심장이 되어
처절한 살아있음의 몸짓으로
그대 가슴에 가 쌓였으면

혜산서원 차나무

겨울의 모퉁이를 돌아가는 토담길
혜산서원 차나무를 본다

새로 얹은 기왓장 아래
온기는 사라지고
따지 않은 찻닢은 떨어져
스스로의 가지만 벌이고 있다

흔적 없는 밑둥을 찾은들 무엇하나
육백 년 흘러간 전설이 되어
되새김질하는 후손들은
옛 향기 잊은 채
빗돌만 세우고 있다

당귀를 사면서

매화산 바위들을 돌아
하산하는 길
길가에 늘어놓은 당귀 몇 뿌리를 산다

무슨 좋은 약이야 될까마는
아직 혀끝에 남아 있는
오래전 그 향기 때문이다

단 한 번만으로도 길들여지고
평생을 그리워하는 것이
어디 입맛뿐이랴

고향살이

타향에서라면 비겁하단 소릴 듣지 않아도 될 것을
눈치 볼 것 없이 성공이라는 것을 했을 것도 같은데
내 고향 어쩔 수 없네
교장도 있고 사장도 있고 건달도 있고
택시 기사도 있고 술집 주인도 있고
홀아비, 과부도 있고 나도 식당 하고
잘난 놈 몇 안 되고 못난 놈 많아도

출세하려면 고향에 살아선 안 되지
지방의원이라도 하려면 객지로 나갔다 와야지
지들은 모르는 허풍을 실으려면
모르는 곳에서 살다 와야 해
내 똥구녁까지 다 알면 그냥 촌놈일 뿐이야
아무도 나를 인정하지 않지
장사라도 하려면 한 번쯤 타향살이가 필요하지
그래야 무슨 새로운 맛이 있지
늘 보던 놈은 믿기지 않아 하지

그래도 난 고향이 좋네

이젠 바꿀 수도 없는 고향이지만
살아가는 것이 돈이나 명예만으로 되나
그래도 정이란 것이 묵직이 자리하는 곳
못난 놈끼리 싸워도 허물없는 곳
이럭저럭 나이 들어도 외롭지 않고
막걸리 한 잔으로도 정겨운 이웃들
고향살이 오랠수록 떠날 일 없네

다시 보고 싶은 것들

아버지 쓰시던
질 좋지 않은 코발트로 그려진 댓닢 무늬 청화백자 요강
반짝이던 검은 매력의 할아버지 종이 안경통
주철화로 뒤적이던 얇은 부젓가락
흙부뚜막을 반짝이게 닦아내던
마법 같은 그 검은 삼베 행주
혼례식 병풍에 그려진 어설픈 그림들
깔끔하게 면도한 얼굴의 사진 속 검은 갓
절편에 무늬 박아내던 기와 편

닥나무 채로 사정없이 맞아 돌던 팽이
흙바닥에 놓기 아깝던
신기하게 빛나던 푸른 유리구슬
골목을 적시던 저녁밥 짓는 연기며
아이 부르던 엄마들의 목소리
높은 옥타브의 친구들 외치는 소리

세월을 거스르지 못하고 사라지는
다시 만나긴 어려울 그리운 것들
그립고 아름다운 것들

해설

오랜 정성으로 지은 집

- 이응인(시인)

오랜 정성으로 지은 집

이응인 | 시인

1. 밀양청년문학회, 청년의 맑은 꿈

드디어 김영조 시인의 첫 시집이 나왔다. 1980년 5월 밀양청년문학회를 결성해 활동한 지 39년, 1988년 5월 밀양문학회 창립 멤버로 활동한 지 31년 만이다. 그는 밀양문학회의 창립을 이끌었던 이재금 시인과 사제 간의 인연으로, 문학회의 초창기 어려움을 함께 헤쳐 나와 오늘에 이르렀다. 고향인 밀양에 터 박고 40년 세월을 꾸준히 문학 활동을 해 왔으니, 그의 시집 출간을 애타게 기다려 온 이는 필자만이 아니다. 드러내어 말하지는 않았지만, 그동안 시인 자신의 속앓이도 만만찮았을 것이다. 「시인」이란 제목의 시를 보자.

마누라는 긴가민가 한다

자식들은 설마설마

친구들은 네까짓 게 하는 눈치다

아무도 보지 않는 곳에서 흔들리며

쑥부쟁이처럼 아픈

—「시인」 일부

시인과 가장 가까운 가족들까지도 "긴가민가"하고, "설마설마"하는 눈치였으니, 시인은 "아무도 보지 않는 곳에서 흔들리며" "쑥부쟁이처럼 아픈" 시간을 시와 함께 보내왔을 것이다. 이토록 오랜 시간이 걸려 시집이 나온 까닭은 무엇보다도 세상살이의 어려움 때문이었으리라. 토목 기술자인 그는 건설 쪽 일을 꾸준히 해 왔지만, 이외에도 카페를 열고 음식점을 차리는 등 자식들 기르고 먹고살기 위해 여러 일에 매달려 왔다. 그러는 동안 시간은 덧없이 가고, 시를 놓을 수 없어 "아무도 보지 않는 곳에서 흔들리며" 아팠을 것이 짐작되고도 남는다.

우수도 지난 하늘에
날리는 눈발
계룡산 끄트머리로 치닫는 바람 속에
마른 풀잎처럼 맥도 없이 풀어지는 하루

어제나 오늘이나
손바닥만큼도 가릴 수 없는
허허로운 하늘이고
내려앉는 구름이고
뜻도 없는 나그네이고

—「한밭 일기」 일부

『밀양문학』 창간호(1988)에 실린 이 시는 청년 시절의 객지 생활을 소재로 하고 있다. "날리는 눈발"과 "바람 속에"서 "맥도 없이 풀어지는 하루"를 그린 뒤, "허허로운 하늘"과 "내려앉는 구름" 아래 "뜻도 없는 나그네"의 심사를 드러내고 있다. 객지 생활을 통해 그 어디에도 머물지 못하는 문학청년의 허허로운 마음을 노래하고 있다.

그는 "뭉치로 쌓이고 찌부러진 마음"을 다스리기 위해 "어둠을 등에 지고 / 바드리"(「바드리」)에 오르기도 하고, "차가운 바람이 불지 않으면 / 겨울꽃은 피지 않는다는 / 동지섣달에만 피는 상고대"를 만나러 "눈 덮인 겨울산"(「상고대」)을 찾기도 했다. 이렇듯 그는 "쑥부쟁이처럼 아픈" 시를 품고서, 그 허허로움 속으로 걸어 청년과 장년의 고개를 넘어왔다.

2. 우리가 살아온 집, 고가 헐기

이번 시집에서 김영조 시인의 삶을 잘 담고 있고, 아주 도드라져 보이는 시가 「고가 헐기」 연작이다. 수년에 걸쳐 완성된 연작시 「고가 헐기 1~6」에서 시인은 한 채의 집이 허물어지는 과정을 통해 한 시대가 허물어지는 모습을 본다. 이를 통해 허물어져야 할 것은 무엇이고 남겨져야 할 것은 무엇인지를 묻는다.

"벚꽃 지천으로 화사한" 어느 날, 그는 "한 시절 호기롭던 손 씨 고가를" 허물게 된다. "백여 년 이끼 파릇한 오 칸 집 / 기와를 들어내"자 "마른 흙내" 끼치고 "왕토가 흘러내"린 자리에 "아직도 짱짱한 서까래" (「고가 헐기 1」)가 모습을 드러낸다.

서까래를 들어내다 가만히
대청마루의 저녁 밥상을 엿본다

점잖게 뒤쪽으로 앉은
주인장의 소반엔 약주가 한 잔
둥근 상엔 아이들의 소란이 얹혔다
부엌에선 숭늉 내음이 마루로 넘쳐오고
따신 저녁이 행복하다

상 위에 올랐을
뚝배기 하나 보이지 않는 오늘
무엇 때문에
어디로 흩어지고

마른 흙냄새만 매케한
해체된 그들의 저녁

—「고가 헐기 2」 전문

"서까래를 들어내다 가만히" 보니, 시인의 눈에는 텅 빈 대청마루가 아니라, "저녁 밥상"이 차려진 대청마루가 보인다. "뒤쪽으로 앉은 / 주인장의 소반엔 약주가 한 잔" 올라 있고, 가운데 "둥근 상엔 아이들의 소란이 얹혀" 있다. "부엌에선 숭늉 내음이 마루로 넘쳐오고" 있다. 자신이 유년 시절에 가족과 함께 저녁 먹던 장면을 그려 놓은 듯하다. 정신을 차리니, 인정이 넘치던 "따신 저녁"은 허물어지는 집과 함께 사라지고, "마른 흙냄새만 매케한" 저녁이다.

"못 하나 쓰지 않고 / 나무와 흙과 돌, / 그리고 오랜 정성으로 지은 / 이 집"을 사람들은 모른다. "창호지와 구들에 붙인 / 종이 몇 장이 오히려 사치스런" 집, "이게 사람 사는 집"인 줄 "사람들은 도무지"(「고가 헐기 3」) 모른다. "창틀, 문틀까지 들어내고 / 마룻장까지 수습하고 나면 / 뼈대 잃은 흙벽은 절로 무너"지지만, "그렇다고 집 헐기 끝난 게 아니"다. "구들장이 남았다".

구들장 "한 장 한 장 걷어나가"니, "눌어붙은 그을음 / 수백 년 연륜을 말하지만 / 장인의 솜씨 얼만 했던가 / 새침돌 하나 빠진 게 없"(「고가 헐기 4」)다. '새침돌 하나 빠진 게 없는' 구들의 모습에서, 시인은 "사람들은 도무지 모르는" "오랜 정성으로 지은" 집을 발견한다.

그는 허물어지는 고가를 통해 "해체되어 흩어질 것은 그대로 있고 / 지켜야 할 것들은 이렇게 사라져"가는 시대상을 읽어낸다. 그러니 "고가를 헐어온 나무라고 / 장작으로야 쓸 수"는 없다. "썩은 곳은 잘라내고 / 짧은 것은 덧대고 / 바꿀 것은 바꾸고"(「고가 헐기 5」)해서 되살려 내고야 만다. 이제 「고가 헐기 6」을 통해서 시인이 꿈꾸는 집을 살펴보자.

뒷산 거칠지 않고
남향으로 볕바르면 더 좋지
앞으로 맑은 개울까지는 욕심이지만
물 걱정, 바람 걱정 자리 피해
터 다지고

개자리 깊게 파 불 잘 들도록
구들을 놓고
기둥 들보 사이에 황토로 살을 붙여
바람과 해충을 막고
서까래 위 왕토 덮고 기와로 눌러
큰 바람에도 날리지 않고 기운을 가두는
우리들의 집짓기 자연과 사람의 공력이지

창살, 문살 예쁘면 아내가 좋아할 테고
마룻장 단단히 놓고
툇마루까지 달아내면 너무 호사인가
굴뚝이 높으면 바람이 덜 타지
막돌과 흙을 섞어 담장을 낮게 치고
뒷마당 모서리로 감나무 두어 그루 심으면
장독대는 그 아래가 제 자리일세

식구들 둥근 상에 모이고
담장 너머 정만 오간다면
이보다 더 좋은 사람 사는 집이 또 있을까
옛집 흉내만 내 보았어도

—「고가 헐기 6」 전문

그가 꿈꾸는 집은 "옛집 흉내만" 내어도 그려낼 수 있는 집이다. "남향으로 볕바르"고, 따뜻하게 "불 잘 들도록 / 구들을 놓고", "창살, 문살" 예쁜 집에, "식구들 둥근 상에 모이고 / 담장 너머 정만 오간다면" 그만이다. 이렇게 "사람 사는 집"을 지어 놓고, "따끈한 찐 고구마 놓고 둘러앉은 안방이며 / 화로에 군밤 익어가는 건넌방 손자의 재롱"(「고가 헐기 6」)을 꿈꾸어 본다.

시인이 그려낸 '사람 사는 집'은 '고가'의 모습과 겹쳐진다. 그가 꿈꾸는 집은 '인정이 오가는 집'이고, 가족 공동체가 살아 있는 집이다. "새것만 좋은강? 이보다 더 좋은 집 어디 있다꼬.", "팔순 노모"(「고가 헐기 1」)의 한 마디가 목에 걸린다. "참 좋은 집을 지으려면" "정성과 세월을 견디어야"(「고가 헐기 5」) 하는데, 전통과 인정과 공동체가 살아 있는 집은 찾기가 어려운 현실이다. 하지만 시인은 "옛집의 흉내"라도 내고 싶은 마음을 버릴 수 없다.

「고가 헐기」 연작에서 보여준, 허물어져야 할 것과 남겨져야 할 것에 대한 시인의 고민은 「시래기를 다듬으며」에서 그대로 이어진다.

무서리 하얗게 덮어쓰고도
홀로 청청 푸르더니

뿌리가 잘리고서야 시든다

그러나 너는 버려질 잉여가 아니다
밥상 한가운데를 차지할 중심이다

겨우 눈비 피할 처마 밑에서
바싹 말라비틀어져 볼품없이 매달려도
너는 쓰레기가 아니라 시래기다
된장이나 고등어를 만나면
우리의 겨울을 지켜줄 뜨거운 보루다

—「시래기를 다듬으며」 전문

"무서리 하얗게 덮어쓰고도 / 홀로 청청 푸르더니 / 뿌리가 잘리고 나서야" 시드는 시래기. 시래기를 다듬으며 시인은 속으로 이렇게 외친다. 비록 처마 밑에 "바싹 말라비틀어져 볼품없이 매달려" 있지만, "너는 쓰레기가 아니라 시래기다". "너는 버려질 잉여가 아니"라 "밥상 한가운데를 차지할 중심이다". "된장이나 고등어를 만나면 / 우리의 겨울을 지켜줄 뜨거운 보루다". 시인에게 시래기는 고향이나 인정, 공동체의 다른 이름이다. 버려져서는 안 될 "뜨거운 보루"다.

시인은 이 시를 쓰면서, 취업난으로 힘들어하는 요

즘 젊은이들을 떠올렸다고 한다. 다들 자식 키우며 겪는 일이지만, "버려질 잉여가" 아닌 "밥상 한 가운데를 차지할 중심"인 젊은이들이 "말라비틀어져 볼품없이 매달려" 있는 모습을 보는 것만으로도 안타깝고 가슴이 아린다. 그래서 시인은 이렇게 외친다. 너희는 "쓰레기가 아닌 시래기다", "우리의 겨울을 지켜줄 뜨거운 보루다".

3. 걱정 너머의 여유와 자족

잎 다 떨군 나무 끝에
남은 감 몇 알

장대로도 안 되고
사다리도 살짝 모자란
안타까운 높이
지금 못 따면 얼어버릴 텐데
며칠을 안달하다 가만 생각해 본다

그래, 모두가 내 몫은 아닐 거야
마른 겨울나는 저 새의 몫도 인정해야지

여름내 벌레 잡은 건 오히려 너희들
그래, 네 몫이 더 클 수도 있어
그예 마음 편해지는구나

—「마음 바꿔 먹으면」 일부

남은 감을 따지 못해 안달하던 나를 잠시 내려놓자, 그 여백에 "마른 겨울나는 저 새"의 자리가 생겨난다. 그 자리가 넓어질수록, "네 몫이 더 클 수"록 마음은 편해진다. 「분수」에서는 "저 큰 감나무도 / 제 분수를 헤아려 / 어린 풋내기들을 / 떨어뜨리는구나"라고 내려놓는 마음을 노래한다. 나를 내려놓을 때, 내 곁에 있는 가족과 이웃들이, 사물들이 비로소 또렷이 보이기 시작한다.

뜻 없이 일찍 깨어 가만히 얼굴 들여다보면
잠든 얼굴이 평화롭지만은 않은
그녀의 만만찮은 그 많은 자리가 만든 훈장
온몸 구석구석 흔적 없는 병으로만 남아

—「그녀의 자리」 일부

"뜻 없이 일찍 깨어"난 시인은 지난밤 "끙끙거리며

잠 못 들어 하던 아내"의 얼굴을 들여다본다. "잠든 얼굴이 평화롭지만은" 않은 건, "만만찮은 그 많은 자리가 만든 훈장" 때문이다. 지고 온 짐의 무게만큼 "온몸 구석구석" 병으로 남은 훈장. 그런 아내에게 "아프면 병원 가보라는 말밖엔 / 달리 어찌할 수 없는 무능"이 더욱 가슴을 누른다.

자신의 분수를 헤아리고, 욕심과 걱정을 잠시 내려놓은 그 자리에 「상운암에서」와 같은 수작이 빛을 발한다.

구름 위의 집이라는 상운암에도 비는 내려
삼복더위에 스님 말 듣고 군불 지폈더니
방바닥이 너무 뜨거워 잠은 잘 수 없고
작은 절 마당 나서니 완고한 어둠이 앞을 막는다

법당에 촛불마저 없어
세상에 난 후로 이런 장님도 되어보네
해발 일천 미터 가까운 하늘 아래 첫 암자
부슬비 오는 여름밤 산짐승들마저 숨어버리고
낙숫물 소리조차 없다

산 아래 세상과는 너무 멀어

근심은 오로지 낮에 보아둔
동자꽃 비에 지지 않을까였지만
이젠 그마저도 잊으려 하네

—「상운암에서」 전문

고졸(古拙)한 한시 한 수를 만난 듯하다. 석골사에서 운문산 정상으로 오르는 길, 선녀폭포를 지나면 구름 위의 집 상운암이 나타난다. 이미 세속의 기준에서 벗어난 "구름 위의 집이라" 규모도 모양새도 따질 바 아니다. 시인은 "하늘 아래 첫 암자"에서 "법당에 촛불마저 없"이 하룻밤을 보낸다. 시인은 어둠과 정적 속에 혼자 깨어 있다. "산 아래 세상과 너무 멀어" 걱정은 저절로 내려놓았다. "근심은 오로지 낮에 보아둔 / 동자꽃 비에 지지 않을까였지만 / 이제 그것마저도 잊으려 하네"에서는 선조들의 한시에서 만나던 품격이 느껴진다. 정적 속의 상운암은 시인을 맑고 깨끗이 비워주고, 어둠 속의 시인은 "하늘 아래 첫 암자" 상운암을 더 높이 밀어 올린다.

격정의 터널을 지나온 시인은 이제 예순의 문턱에 섰다. 자연히 지나온 삶을 돌아보게 되고, 자신이 매달렸던 것들에서 한 발 물러서 바라볼 수 있는 마음을 갖게 되었다. '나'를 잠시 내려놓은 자리에 생긴 여백이다.

4. 밀양, 사랑만 남는 고향

밀양은 김영조 시인의 고향이자 삶터이다. 그는 밀양에서 나서, 밀양에서 학교 다니고 결혼하고 자식들 기르며 일하고, 지금까지 살아왔다. 그에게 밀양은 "세월을 거스르지 못하고 사라지는 / 다시 만나긴 어려울 그리운 것들 / 그립고 아름다운 것들"(「다시 보고 싶은 것들」)의 고향이기도 하지만, 회고의 추억으로 채워진 공간만은 아니다. 그에게 고향은 희비와 애환이 함께 하는 삶의 현장이다.

교장도 있고 사장도 있고 건달도 있고
택시 기사도 있고 술집 주인도 있고
홀아비, 과부도 있고 나도 식당 하고
잘난 놈 몇 안 되고 못난 놈 많아도

출세하려면 고향에 살아선 안 되지
지방의원이라도 하려면 객지로 나갔다 와야지
지들은 모르는 허풍을 실으려면
모르는 곳에서 살다 와야 해
내 똥구녁까지 다 알면 그냥 촌놈일 뿐이야
아무도 나를 인정하지 않지

장사라도 하려면 한 번쯤 타향살이가 필요하지
그래야 무슨 새로운 맛이 있지
늘 보던 놈은 믿기지 않아 하지

그래도 난 고향이 좋네
이젠 바꿀 수도 없는 고향이지만
살아가는 것이 돈이나 명예만으로 되나
그래도 정이란 것이 묵직이 자리하는 곳
못난 놈끼리 싸워도 허물없는 곳
이럭저럭 나이 들어도 외롭지 않고
막걸리 한 잔으로도 정겨운 이웃들
고향살이 오랠수록 떠날 일 없네

—「고향살이」 일부

고향에서 붙박이로 사는 일은 쉽지 않다. 고향에서 어깨에 힘을 주고 "허풍을 실으려면" "객지로 나갔다 와야"한다, "모르는 곳에서 살다 와야"한다. "내 똥구녁까지 다 알면 그냥 촌놈일 뿐이"다. 하지만 "잘난 놈 몇 안 되고 못난 놈 많아도" "그래도 고향이 좋"다. 늘 만나고 부대끼고 지지고 볶으면서 "정이란 것이 묵직이 자리하는 곳"이 고향이고, "못난 놈끼리 싸워도 허물없는 곳"이 고향이니까. 그뿐인가? "이럭저럭 나이 들어도 외롭지 않고 / 막걸리 한 잔으로도 정겨운 이웃들"이 있는 곳, 고향 말고 어디 있는가?

그의 이러한 고향 사랑은 최근 「찔레꽃으로 살다가」, 「해천의 꿈」과 같은 수작들을 뿜어내고 있다. 「찔레꽃으로 살다가」는 태항산 전투에서 산화한 밀양의 독립운동가 석정 윤세주의 삶을 형상화한 작품이다. "청춘의 절반은 감옥에서 / 나머지 절반은 광야에서"로 시작하는 이 시는 젊은 전사 윤세주의 격정과 결의가 독백 형식 속에 잘 녹아 있다.

천장절 일장기 똥통에 꽂은
보통학교 시절부터
밀양 장터에서 독립선언서 낭독하고
대한독립만세 목 터지게 외치던 그때부터
나의 길은 오로지 한 길

뜨거운 피 의열의 동지들이여
적탄에 쓰러진 나를 위해 슬퍼 말고
조선의열단 기개를 떨쳐
부디 독립을 이루시길

그날 나는 고향 뒷산에 다시

순결하고 향 짙은 찔레꽃으로 피어나
그대들과 함께 흥에 겨운 춤을 출 것이오

—「찔레꽃으로 살다가」 일부

약산 김원봉, 석정 윤세주의 생가는 밀양읍성 밖에 있다. 그들은 읍성을 지키기 위해 파 놓은 해천[해자] 바깥에 살았다. 그들은 "고요히 잠든 성내 사람들 / 그 위장된 평화를 찢고 뛰쳐나와" 독립만세를 외치고, "먼 타국에서 풍찬노숙 칼바람 속을 달리며" 대한의 독립을 꿈꾸었다. "나라 걱정은 예나 지금이나 늘 / 성 밖 사람 몫"이고 "그늘진 추운 자리의 사람"(「해천의 꿈」)들이 먼저 아침을 기다렸다. 시인은 이처럼 예리한 눈으로 밀양 사람들의 삶을 읽어내고, 한 편의 시를 통해 독자들의 삶을 돌아보게 만든다.

김영조 시인은 앞으로도 "잘난 놈 몇 안 되고 못난 놈 많"은 고향 밀양에서 살 것이다. 「고가 헐기」에서처럼 '허물어져야 할 것은 무엇이고 남겨져야 할 것은 무엇인지'를 되물을 것이다. 한편으론 "왜 이렇게 살았냐고 / 왜 바보처럼 하찮은 돌덩이들을 / 어깨 위에 쟁여 왔느냐고"(「병이란 것이」) 스스로 묻기도 하면서 말이다.

시인은 영남루 아래 숨은 '석화'를 노래하고, 석남재 아래 '쇠점골'을 다시 찾고, 달빛 쌓인 '바드리'에 오르는 일을 계속할 것이며, 다들 잊고 지내는 밀양의 아름다움을 노래할 것이다. 더불어 '해천의 꿈'을 꾸고, 영남루 용마루에 있던 '망와'를 생생히 보여주고, '추원재'로 데려가 질문을 던지며, 우리가 놓치고 있는 밀양을 시로 꽃피울 것이다.

밀양에 대한 지극한 사랑으로 그는 더 아플 것이고 더 성숙할 것이다. 또한 "아무도 보지 않는 곳에서 흔들리며 // 쑥부쟁이처럼 아픈 // 이 밤도 잠 못 들며 펜을 드는" "혼자 시인"(「시인」)으로 남아 있을 것이 분명하다.

내 바람의 조각들도

2019년 10월 30일 초판 1쇄 찍음
2019년 11월 05일 초판 1쇄 펴냄

지은이 _ 김영조
펴낸이 _ 나문석
편　집 _ 장상호
디자인 _ 김옥경

펴 낸 곳 _ 도서출판 두엄
등록번호 _ 제03-01-503호
주　　소 _ (41969) 대구광역시 중구 명륜로12길 21
대표전화 _ (053)423-2214
전자우편 _ dueum@hanmail.net

ISBN 978-89-85645-84-3 03810

* 이 책은 경남문화예술진흥원의 문화예술지원금을 보조받아 발간되었습니다.

이 도서의 국립중앙도서관 출판예정도서목록(CIP)은 서지정보유통지원시스템 홈페이지(http://seoji.nl.go.kr)와 국가자료공동목록시스템(http://www.nl.go.kr/kolisnet)에서 이용하실 수 있습니다.(CIP제어번호: CIP2019043118)